AF308961

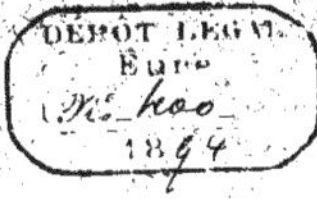

HAMBORD

grenat

NOTICE

SUR LES TRAVAUX DE RESTAURATION

EXÉCUTÉS AU CHATEAU DE 1882 A 1894

PAR

MM. DESBOIS Père et Fils

ARCHITECTES DU CHATEAU ET DU DOMAINE

PARIS

LIBRAIRIE DE FIRMIN-DIDOT ET Cⁱᵉ

IMPRIMEURS DE L'INSTITUT, RUE JACOB, 56

—

1894

CHAMBORD

TYPOGRAPHIE FIRMIN-DIDOT ET Cie. — MESNIL (EURE).

FAÇADE, COTÉ NORD-OUEST

CHAMBORD

NOTICE

SUR LES TRAVAUX DE RESTAURATION

EXÉCUTÉS AU CHÂTEAU DE 1882 À 1884

PAR

MM. DESTAILLEUR PÈRE ET FILS

PARIS

LIBRAIRIE DE FIRMIN-DIDOT ET Cie

1884

CHAMBORD

NOTICE

SUR LES TRAVAUX DE RESTAURATION

EXÉCUTÉS AU CHATEAU DE 1882 A 1894

PAR

MM. DESBOIS Père et Fils

ARCHITECTES DU CHATEAU ET DU DOMAINE

PARIS

LIBRAIRIE DE FIRMIN-DIDOT ET Cⁱᵉ

IMPRIMEURS DE L'INSTITUT, RUE JACOB, 56

—

1894

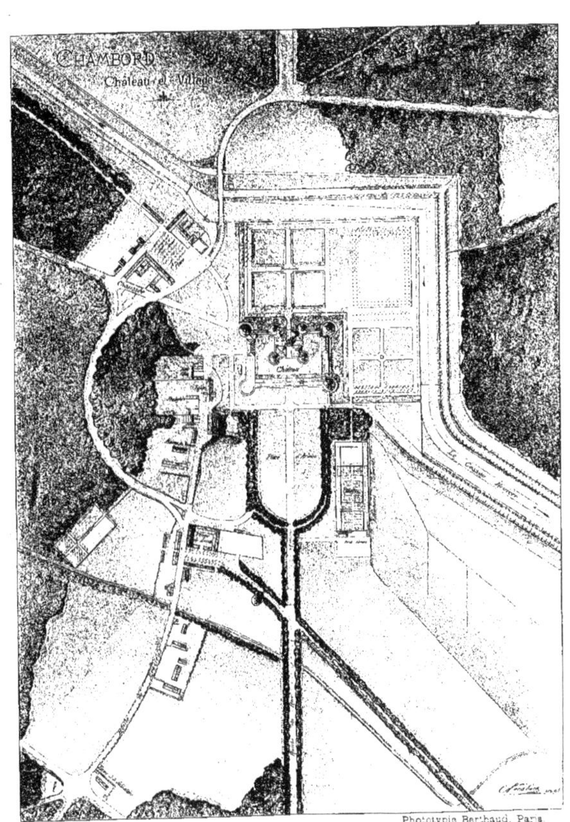

PLAN D'ENSEMBLE

CHAMBORD

AVANT-PROPOS

Les importants travaux de restauration exécutés sous notre direction depuis douze ans, ayant attiré l'attention des Artistes et provoqué, avec les compliments d'Architectes éminents des appréciations diverses, résultant des trop nombreuses Écoles qui se disputent la suprématie du jugement, en matière de construction et d'art, il nous convient de décrire simplement la méthode et les procédés de réparation et de consolidation appliqués par nous pour des raisons majeures de statique que les architectes praticiens sont seuls capables d'apprécier.

PRÉLIMINAIRES

Le plan des abords du château indique une partie du village où sont groupés l'église, les écoles et l'hôtel. Mais le domaine est beaucoup plus étendu : il comprend 5525 hectares de bois et terres avec plusieurs grandes fermes. Le tout est clos d'un mur de 32 kilomètres dans lequel sont ouvertes six portes avec pavillons des gardes-forestiers.

Suivant les plus anciens et les meilleurs documents, le château de Chambord a été construit de 1519 à 1525 sous la conduite de Denis Sourdeau, puis de 1525 à 1538 sous la direction de Pierre Neveu, dit Trinqueau; il a été terminé vers 1550 par Jacques Coqueau, tous les trois maîtres-maçons du Roi.

On sait qu'à cette époque les forteresses féodales étaient en grande faveur, malgré la gêne, la morne tristesse de leurs habitations intérieures; cependant, on commençait à ouvrir dans les vieux murs de larges et belles croisées en remplacement des anciennes meurtrières, pour donner plus de clarté, plus de soleil et d'air à ces froides demeures militaires, véritables prisons des familles nobles. Mais, si l'on tenait avant tout à conserver et à maintenir, dans les constructions nouvelles, le caractère du château-fort, commandant le respect, imposant la crainte, on voulait aussi en rendre l'habitation plus agréable par l'application des nouveaux et riches détails décoratifs de la Renaissance, avec des terrasses, autre importation étrange dans nos climats pluvieux.

L'œuvre des constructeurs était donc assujettie à l'exécution simultanée et rapide de deux programmes disparates, assez difficiles à concilier pour obtenir un ensemble de proportions harmonieuses; cela doit être rappelé pour expliquer certaines dispositions contraires à nos goûts, à nos usages modernes.

Le plan général du château paraît lourd, sans harmonie

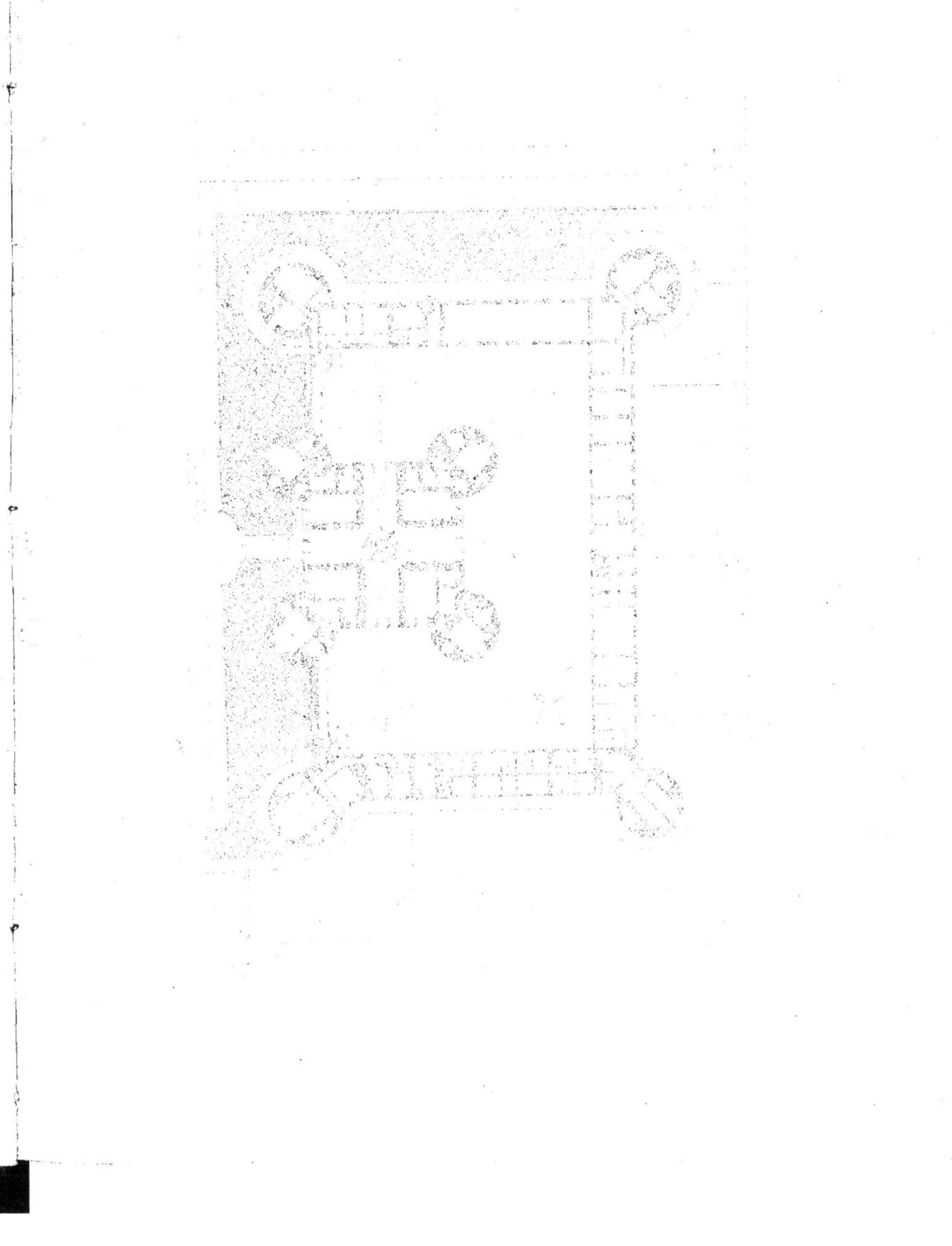

hectares de bois et terres avec [illegible] grandes [illegible]. Le tout est clos d'un mur de [illegible] dans lequel sont [illegible] six portes avec [illegible].

Suivant les plus anciens et [illegible] le château de Chambord a été [illegible] sous la conduite de Denis Sourdeau [illegible] la direction de Pierre Nepveu, dit [illegible] vers 1526 par Jacques Coqueau, [illegible] registres [illegible] [illegible].

[illegible] cette époque [illegible] [illegible] Raoul [illegible] grande faveur, malgré le [illegible] leurs [illegible] [illegible] ouvrir [illegible] les vieux murs de larges et belles [illegible] remplacement des anciennes [illegible] pour donner plus de clarté, plus de soleil et d'air [illegible] [illegible] militaires, véritables prisons des [illegible] nobles. Mais si l'on tenait avant tout à conserver et à maintenir dans les constructions nouvelles, le caractère du château-fort, cont[illegible] [illegible] imposant le [illegible] on voulait aussi en [illegible] l'habitation [illegible] agréable par l'application de nou[illegible] [illegible] de détail [illegible] la [illegible] aux grandes [illegible] [illegible].

Lorsqu'[illegible] [illegible] [illegible] [illegible] tion similaire [illegible] peut [illegible] [illegible] assez difficile [illegible] [illegible] [illegible] de [illegible] produire harmonieux [illegible] [illegible] [illegible] quer certaines dispositions [illegible] [illegible] profits [illegible] usages quelconques.

[illegible] plus grand du [illegible] est [illegible] le composer

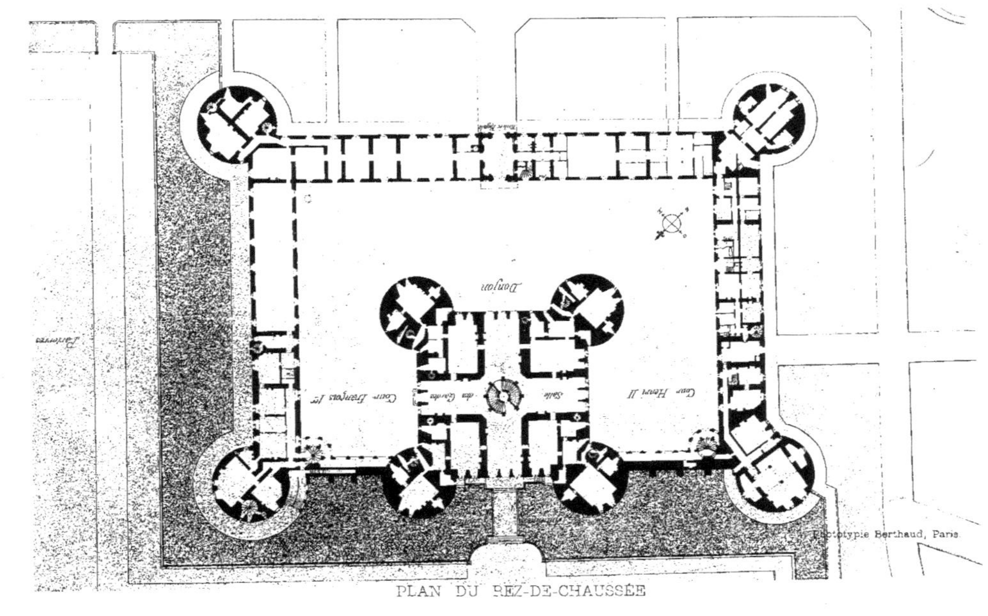

PLAN DU REZ-DE-CHAUSSÉE

avec l'élégance des nombreux et riches détails de l'élévation.

Ce gros donjon carré flanqué de tours énormes; ces cours étroites, ces douves, tout l'ensemble, vu de loin, a bien l'aspect, le caractère de la forteresse féodale, toujours en honneur, et devait flatter singulièrement les goûts du Roi-chevalier.

Mais ces massives dispositions générales ont été entourées, accompagnées et ornées de tant et si élégants détails accessoires, principalement dans les parties hautes, qu'il en est résulté un ensemble d'une incomparable grandeur qui, vu de près, étonne d'abord, puis séduit et charme le visiteur le plus indifférent. En effet, la silhouette générale, hardiment découpée par tant de tourelles d'escaliers, de hautes lucarnes sculptées, de souches de cheminées monumentales, etc., s'harmonise si bien avec la silhouette forestière, fond du tableau; les innombrables chapiteaux, salamandres, statuettes, vases, fleurons, épis, etc. y sont traités avec tant d'art et de délicatesse, que le véritable artiste en est subjugué, ému, enthousiasmé.

L'histoire de Chambord est assez connue par de nombreux ouvrages, notamment par celui de M. de la Saussaye, très intéressant au point de vue historique; nous n'ajouterons donc à ces notes que plusieurs dessins pour aider le lecteur à suivre nos indications techniques (1).

On sait que Chambord avait subi, à l'époque révolutionnaire, outre le pillage d'un riche mobilier, des mutilations indescriptibles. Tout autre château en eût été anéanti; ce-

(1) Quelques-uns ont paru aux Expositions des Champs-Élysées et ont été récompensés d'une mention honorable.

pendant, les puissantes constructions de François Ier ont
résisté à la rage des démolisseurs et l'œuvre de l'une des
plus belles époques des constructions françaises a pu arri-
ver jusqu'à nous; mais en quel état de délabrement! Les
couvertures en plomb des terrasses, celles des lanternes et
des tourelles avaient disparu; la pourriture avait altéré la
solidité des magnifiques charpentes en chêne des grands
combles et des grands planchers; ceux-ci avaient subi des
flexions effrayantes et ne tenaient plus qu'à l'aide d'énormes jambes de force, véritables étais appliqués d'urgence
pour arrêter un inévitable effondrement. Les murs des cours
étaient recouverts de larges taches verdâtres, vrais cryp-
togames, produits d'une humidité excessive du sol.

Mais, nous devons l'avouer, tous ces pillages, toutes ces
dévastations n'étaient rien à nos yeux en comparaison des
malheureuses modifications introduites au XVIIe siècle pour
loger la suite très nombreuse du roi Louis XIV. (Nous
souffrons d'imputer à Mansard ces actes de vanda-
lisme).

Presque partout, les beaux planchers apparents en chêne
avec moulures en bois de noyer ont été recouverts d'affreux
plafonds en plâtre.

On fit ajouter, dans de nombreuses grandes salles, des
planchers d'entresol, coupant ainsi en deux des étages de six
mètres de hauteur; puis, cela ne suffisant pas, on fit recou-
vrir d'affreuses mansardes les magnifiques terrasses du château, dont les belles corniches sculptées ont été coupées
au droit des croisées pour l'éclairage des nouveaux entre-
sols. On fit encore remplacer la travée de l'Entrée Royale

pendant, les puissantes construct[illegible] [Fran]çois Iᵉʳ ont résisté à la rage des démolisseu[rs] [illegible] de l'une des plus belles époques des construc[tions] [illegible] qui sont [illegible] jusqu'à nous; mais en qu[illegible] [illegible]. Les couvertures en plomb des tou[rs] [illegible] des [illegible] [illegible] étaient disparu[illegible] [illegible] salles [illegible] magnifiques chemin[ées] [illegible] chêne des [illegible] [illegible] et des grands planchers [illegible] avaient subi des [illegible] [illegible] et ne [illegible] plus qu'à l'aide d'[illegible] [illegible] [illegible] véritable [illegible] [illegible] appliqués d'urgence [illegible] inévitable? [illegible] sont. Les murs des cours [illegible] garnis de larges lézardes [illegible] [illegible], seuls [illegible] [illegible], produits d'une [illegible] [illegible] [illegible].

Mais, nous devons l'avouer, [illegible] [illegible] pillages, toutes ces dévastations n'étaient rien à [illegible] [illegible] en comparaison des malheureuses modifications introduites au XVIIᵉ siècle pour loger la suite très nombreuse du roi Louis XIV. Nous souffrons d'imputer à [illegible] ces actes de vanda[illegible]sme[?]

[illegible] [illegible] les fen[illegible] [illegible] [illegible] [illegible] [illegible] [illegible] [illegible] [illegible] de la tour [illegible] [illegible] [illegible]

[illegible] [illegible] étages [illegible] [illegible] [illegible] [illegible] des planchers [illegible] [illegible] [illegible] [illegible] dans de [illegible] étages et [illegible] mètres de hauteur [illegible] [illegible] je ne puis me [illegible] près, en effet, voir d'affreuses [illegible] [illegible] [illegible] [illegible] [illegible] au-dessus de [illegible] tours dont les beil[illegible] [illegible] sculptées ont été [illegible] au droit des combles [illegible] [illegible] [illegible] des [illegible] [illegible] sols. On [illegible] encore reçu [illegible] [illegible] [illegible] de la cour royale

Phototypie Berthaud, Paris.

FAÇADE, COTÉ SUD-EST

par une autre en classique romain du plus triste effet. Et cependant, il était très simple de bâtir des logements quelconques sur les côtés de la place d'Armes. Mais les nobles invités du Roi n'auraient pas été logés au château et on dut se résigner à multiplier les appartements, en y introduisant les plus regrettables transformations.

Napoléon voulant restaurer Chambord, le donna au prince de Wagram avec une rente de 500.000 francs destinée aux réparations. Le maréchal Berthier se borna à faire couper et vendre tous les bois, à toucher la rente, et à faire appliquer une couche de chaux, encore visible, sur les murs et boiseries de l'intérieur.

En réalité le château, don de la France royaliste, était une ruine et il fût demeuré en ruine, comme tant d'autres monuments historiques, s'il était tombé aux mains d'un État peu soucieux des grandeurs du passé.

Il fallait que Chambord fît retour aux enfants de Henri IV et de Louis XIV pour que les artistes pussent voir entreprendre la restauration du plus grand, du plus beau *séjour royal de chasse* qui ait jamais été construit en France (1).

En 1850, de grandes dépenses avaient déjà été faites à Chambord sous l'inspiration de M. Joachim Barrande (2); on avait supprimé les mansardes côté ouest et rétabli la terrasse des communs; puis, au donjon, on avait rétabli la

(1) C'est là le seul titre qui réponde exactement à la destination première. La division du plan en plusieurs parties distinctes permettait, en effet, d'y loger séparément plusieurs invités royaux sans la moindre confusion des services.

(2) Ancien ingénieur des Ponts et Chaussées, ancien précepteur et mandataire général de M. le comte de Chambord.

balustrade de la grande terrasse et clos de croisées, châssis
à vitraux et volets, toutes les baies du château demeurées
béantes depuis la tourmente révolutionnaire; mais ces travaux exécutés sans respect des formes primitives et sans
souci des lois les plus élémentaires de la stabilité, ont dû
être refaits en partie par nous en 1887.

C'est en 1881 que nous avons été honoré de la confiance
de Monsieur le Comte de Chambord et chargé de restaurer
ce château, objet de sa haute sollicitude, dont il avait
voulu adopter et porter le nom.

Nous arrivions donc au début des restaurations principales,
à une époque de réflexion et d'examen des voies et moyens.

Il arrive souvent que les personnes les mieux disposées à
conserver un monument demeurent hésitantes en présence
de l'énormité des chiffres entrevus d'une restauration bien
complète, parce qu'on ne fait pas assez distinguer, parmi les
dépenses prévues, celles destinées uniquement à la réparation nécessaire des couvertures et des grands planchers,
pour arrêter la marche très active de la vétusté et pour
éviter des reconstructions beaucoup plus coûteuses si l'on
attend qu'elles s'imposent absolument.

Ces avertissements, répétés dans nos premiers rapports,
ont été heureusement compris. M. Barrande voulut bien
venir de Prague (1) pour faire une enquête minutieuse à la

(1) Où il séjournait pour étudier et décrire *les fossiles de la Bohême* en vue de
combattre la théorie de Darwin sur les évolutions.

Phototypie Berthaud, Paris.

GRANDE LUCARNE

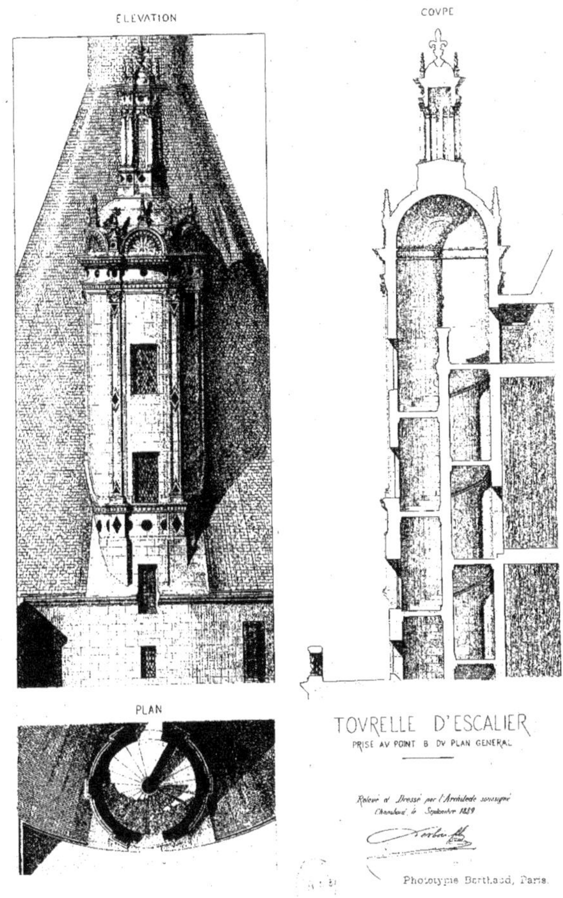

TOURELLE, TOUR FRANÇOIS Ier

GRANDE LUCARNE

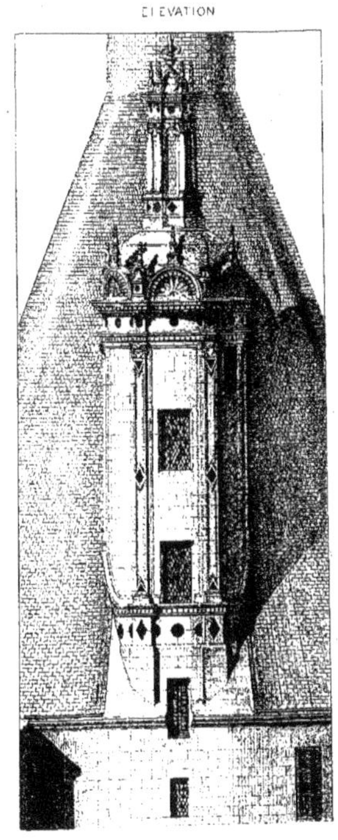

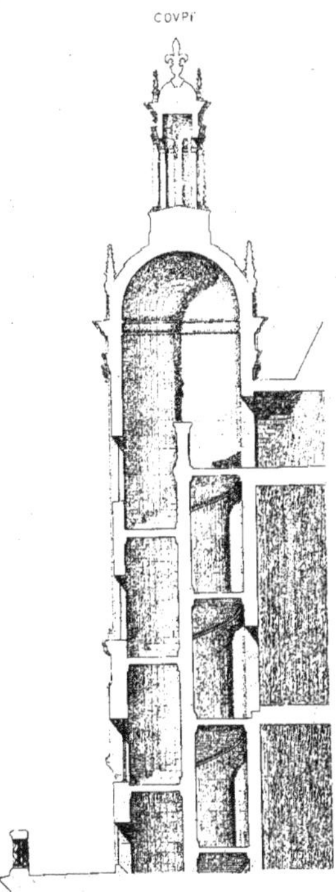

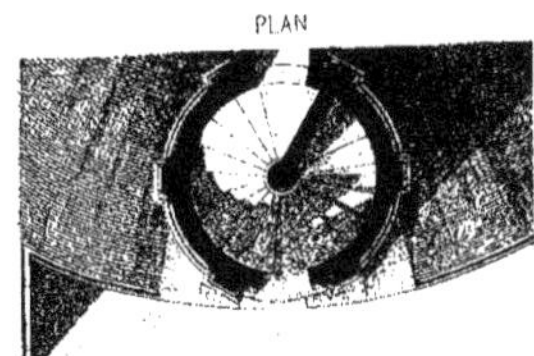

TOVRELLE D'ESCALIER
PRISE AV POINT B DV PLAN GENERAL

Relevé et Dressé par l'Architecte soussigné
Chambord, le Septembre 1889

Phototypie Berthaud, Paris.

TOURELLE, TOUR FRANÇOIS Ier

suite de laquelle il approuva nos propositions de réparations solides et définitives de tout ce qui constitue le gros œuvre ; il nous ouvrit ensuite, chaque année, les crédits nécessaires à la marche ininterrompue des travaux que nous allons détailler aussi brièvement que possible.

DÉTAIL DES TRAVAUX

En 1882, nous avons fait assainir les cours par l'enlèvement des gravois et des matériaux salpêtrés qui y entretenaient une humidité désastreuse, puis nous avons fait poser de nombreux tuyaux souterrains pour assurer l'écoulement des eaux dans les douves à l'extérieur.

Nous avons ensuite exécuté la consolidation d'un premier grand plancher dont toutes les poutres étaient brisées en armant chacune d'elles d'une âme en fer. Les anciennes poutres étaient aussi armées, mais faiblement, au moyen de quatre pièces auxiliaires en bois, inclinées sur les côtés en forme d'arbalétriers et entaillées avec redents pour recevoir la poussée aux extrémités. Ce système d'armature était ingénieux pour l'époque de la construction ; mais, à raison de la grande portée des pièces, la compression des arbalétriers en bois était à prévoir et devait causer des flexions continues. Après chaque flexion, on avait redressé les carrelages ou les parquets par un chargement de gravois.

Les premières poutres que nous avons déposées avaient
été surchargées ainsi, au milieu, d'environ quarante centimè-
tres d'épaisseur de gravois.

Notre armature en fer, la plus solide qu'on puisse employer, n'a cependant pas été adoptée sans une certaine hésitation, tant notre volonté était ferme de respecter et de restituer les formes primitives, en suivant, autant que possible,
les méthodes anciennes de la construction ; ce n'est donc
qu'après en avoir conféré avec M. Le Soufaché, architecte,
notre éminent Professeur et Maître, que nous avons décidé
l'armature en fer des grands planchers ; d'ailleurs, la méthode seule était en question, l'aspect et la forme étant
conservés, nous devions préférer une âme en fer, très forte,
aux faibles armatures en bois (1).

Mais les poutres des vieux planchers étaient en voie de
pourriture et ne pouvaient servir à la consolidation des nouveaux ; aucune forêt voisine ou lointaine ne pouvait nous
donner des pièces de chêne de $0^m,60 \times 0^m,60$ d'équarrissage
à vives arêtes et de 10 mètres de longueur, ayant déjà deux
ou trois ans de coupe. Nous étions fort embarrassé de la situa-
tion, quand l'idée nous vint de mettre à profit la faute de
Mansard. Nous avons donc résolu de descendre les planchers
d'entresol, d'abord pour restituer aux grandes salles leurs
hauteurs primitives, ensuite pour y trouver les grosses pièces, bien conservées, nécessaires à la reconstruction des
nouveaux planchers.

---

(1) Ces planchers de la salle des gardes (*qui ont toujours existé et doivent être
rétablis*) sont l'objet, entre certains auteurs, de discussions aussi puériles que
contradictoires sur leur existence à l'origine.

Les premières poutres que nous avons employées ont [illegible] étés [illegible] ainsi, au bout [illegible] que nous continuerons d'opérer sur de [illegible].

Notre amateur en fer, le plus sûr [illegible] nous employer, n'a cependant pas été adopté [illegible] certaine hésitation; toute sa solidité était forte [illegible] et de nos [illegible] relatives, mais [illegible] impossible [illegible].

[illegible]

Mais les poutres des vieux planchers [illegible] et en voie de pourriture et ne pourraient servir à la consolidation des nouveaux; aucune forêt voisine ou lointaine ne pourrait nous donner des pièces de chêne de $0^m.60 \times 0^m.60$ d'équarrissage à vives arêtes et de 10 mètres de longueur, ayant déjà des [illegible] que le temps. Nous [illegible]
tion [illegible]
Monsard [illegible] les premières d'entrosol, [illegible]
hauteur [illegible]
res, [illegible]
nouveaux planchers [illegible]

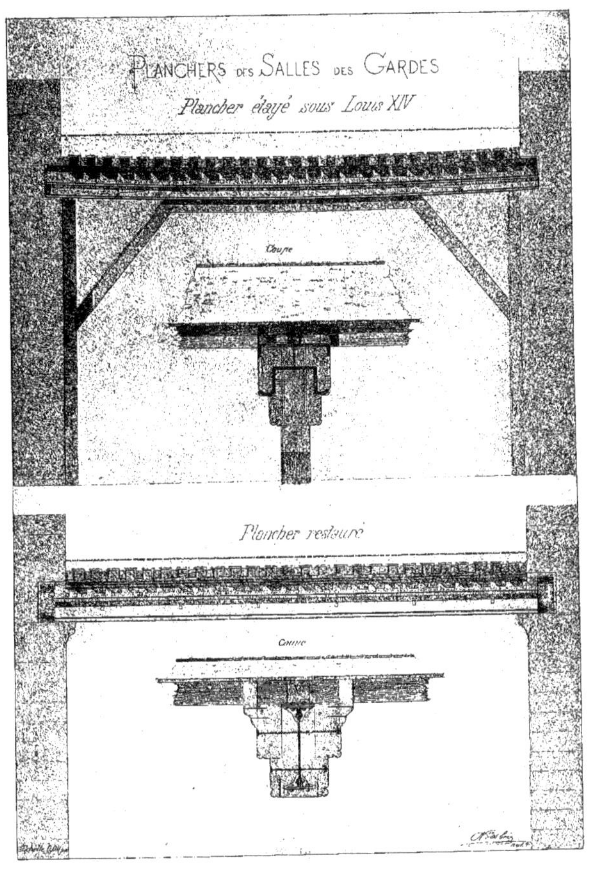
PLANCHERS DES SALLES DES GARDES
Plancher étayé sous Louis XIV
Coupe
Plancher restauré
Coupe

Dans les planchers consolidés, chaque poutre en bois a donc été refendue en deux pour recevoir une poutrelle en fer de $0^m,65$ de hauteur pouvant porter aisément 30,000 k., sans subir la moindre flexion. Aucune partie du fer n'est visible ni en contact avec l'air extérieur ; elle est ainsi préservée de l'oxydation.

Le grand plancher de la salle des gardes au rez-de-chaussée côté S.-E. a donc été descendu, consolidé et reconstruit ainsi qu'il vient d'être dit.

Ce nouveau plancher, débarrassé des énormes jambes de force en bois qui arrêtaient la lumière et masquaient le grand escalier, donnait des satisfactions inespérées.

Avant la consolidation, on ne pouvait entrer sans courber involontairement la tête sous les vieilles poutres menaçantes ; après la réparation, l'impression était tout autre : on se sentait comme attiré et élevé ; la lumière pénétrait vive et abondante jusqu'à l'escalier central ; en présence d'un résultat aussi heureux, nous résolûmes de répéter la même opération à tous les grands planchers.

Nous étions déjà considéré, par un certain monde, comme un novateur dangereux qui osait porter une main téméraire sur les vénérables difformités du vieux château ; mais, avec l'approbation et l'appui de MM. Barrande et Le Soufaché, nous marchions lentement, il est vrai, suivant les crédits ouverts, mais hardiment et sans bruit, ne recherchant pas les éloges et méprisant toutes les critiques inspirées par la jalousie envieuse des uns ou l'ignorance des autres.

A ce propos, nous citerons un incident plaisant qui précéda la mise au levage du premier des grands planchers restaurés.

La dépose des poutres avait laissé dans les gros murs des ouvertures énormes. Un groupe de notables des pays voisins était venu là, chacun regardant d'un air étonné et anxieux tantôt les grosses poutres, tantôt les trous béants des murailles en parlant bas et mystérieusement à son voisin. Ne sachant trop ce que signifiait cette visite, ou pour mieux dire cette inspection insolite, nous avons apostrophé ainsi le maître charpentier : Eh bien, mon brave, êtes-vous embarrassé pour monter ces poutres? Si cela est, il faut le dire et nous vous enverrons de Paris deux ou trois compagnons qui les monteront en un jour. Le gaillard, piqué d'amour-propre, se mit à l'œuvre aussitôt et parvint à mettre en place ces grosses charpentes, cause de tant d'inquiétudes que rien ne justifiait.

En 1883, le grand plancher de la salle des gardes, côté S.-O., au rez-de-chaussée, a été descendu, consolidé et rétabli comme le précédent; de plus, le grand comble de l'aile à l'Est a été consolidé, réparé et recouvert entièrement; les lucarnes, les souches de cheminées, les tourelles ont été réparées suivant les formes primitives de la construction.

Le triste événement du décès de Monsieur le Comte de Chambord, survenu au mois d'août, faillit arrêter tous les travaux, mais Madame la Comtesse de Chambord, s'inspirant des volontés du Prince défunt, voulut bien ordonner « la continuation de tout ce qui avait été approuvé par M. Barrande ».

[illegible] la mise au levage du [illegible]
[illegible]

La dépose des poutres avait laissé dans [illegible]
des ouvertures [illegible]. Un groupe de [illegible] des pays
voisins et [illegible] longue [illegible]
anciens [illegible] les [illegible] portes [illegible]
des immeubles en y plaçant leurs [illegible]
[illegible]. Nous [illegible] que [illegible]
[illegible] dites [illegible] la guérison [illegible]
ainsi la [illegible] du chevalier [illegible]
[illegible] pour monter jusqu' [illegible]
[illegible] nous vous enverrons [illegible]
[illegible] les [illegible] en [illegible]
[illegible], se mit à l'œuvre [illegible]
en plaçant ses grosses charpentes [illegible]
que rien ne justifiait.

En 1891 [illegible] grand plancher de la salle des gardes, côté
Sud, [illegible]
[illegible]
Cher [illegible]
lucarnes [illegible]
réparées [illegible]

La triste [illegible]
Chaudard, [illegible]
[illegible]
[illegible]
[illegible]

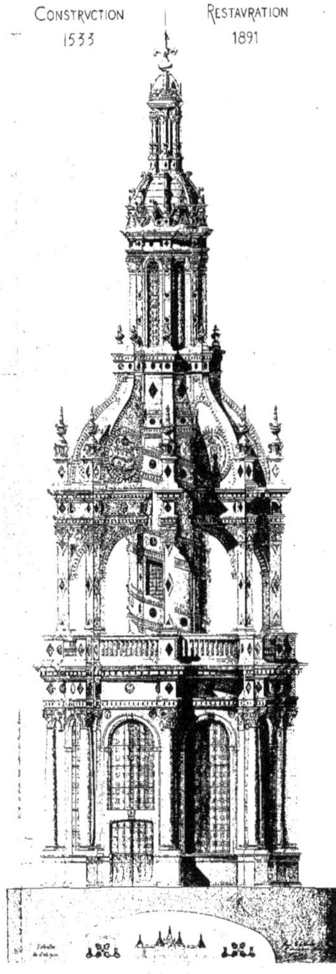

HAVTES LANTERNES DV GRAND ESCALIER
CONSTRVCTION
1533
RESTAVRATION
1891

En 1884, le grand plancher de la Salle des Gardes, côté
N.-E., au rez-de-chaussée, a été descendu, consolidé et rétabli comme les précédents.

A la tour du donjon, angle nord, et au pavillon attenant,
les charpentes des combles ont été réparées; les couvertures
en ardoises ont été refaites avec forts crochets de cuivre et
larges gouttières de même métal. Un paratonnerre a été
posé sur cette tour. Des réparations importantes ont été
faites sur plusieurs points, à la voûte surbaissée de la salle
des Gardes, côtés N.-E. et S.-O.

En 1885, à la tour Robert, angle nord du château, nous
avons réparé les couronnements des souches de cheminées
et rétabli le lanterneau en pierre sur le dôme de l'escalier
dit de François Ier, en y apportant cette légère modification
imposée par la statique : on a ajouté, faisant corps avec
chaque colonne, un piédroit intérieur pour en augmenter la
stabilité. Ces piédroits nous dispensaient de rétablir un
tuteur ou poinçon central en fer dont nous avons reconnu la
trace au sommet du dôme, mais qui n'avait pas empêché la
chute de l'édicule, trop faiblement défendu contre les actions
du roulement.

On a ensuite descendu, consolidé et rétabli le plancher de la salle des gardes au rez-de-chaussée, côté
N.-O.

On a réparé les sculptures de plusieurs frontons de lucarnes, notamment celui de la belle lucarne nord du donjon,
faisant face au N.-O.

On a terminé les réparations de plusieurs carrelages des

entrées sud et ouest, en remplacement des vieux pavés usés
et brisés du maréchal de Saxe.

En 1886, nous avions à consolider les planchers hauts
des trois plus grandes salles des appartements royaux au
premier étage du donjon côté N.-O. Or, ces trois salles,
modifiées sous Louis XV, avaient été réduites à cinq mètres
de hauteur, par l'addition d'un nouveau plancher haut pla-
fonné.

Devait-on, sous prétexte de restituer les formes primitives,
supprimer les trois planchers placés un mètre plus bas que
les anciens qui existaient encore? Non, avons-nous pensé;
nous avons donc tout consolidé pour conserver une chambre
à coucher décorée de très beaux panneaux Louis XV en rem-
plaçant les vieux planchers pourris du dessus par d'autres
très forts, tout en fer, non visibles, auxquels nous avons
fixé de nombreuses aiguilles reliant et portant les planchers
inférieurs, qui ont été ainsi consolidés sans avoir été démolis,
ni reconstruits.

En cette même année du décès de Madame la Comtesse de
Chambord, L.L. A.A. R.R. Mgr le Duc de Parme et Mgr le
Comte de Bardi, ayant pris possession du domaine, ont bien
voulu nous confirmer leur confiance et nous faire connaître
leur intention de continuer les réparations commencées par
leur oncle.

En 1887, on a refait entièrement la voûte plate portant la
partie rectangulaire des terrasses des communs, moins la
balustrade, et consolidé les planchers de cette terrasse (1).

(1) M. Barrande nous avait dit que la tour sud de cette terrasse, rétablie en

PLANS DES LANTERNES   DU GRAND ESCALIER

extérieurement et ainsi, en remplacement de […] […] mois
[…] lettres du maréchal de Saxe

En 1888, nous avions à […] […]
des toits plus importants dans […] […]
premier étage du donjon […] […]
modifiés par Louis XV, […] […]
de hauteur […] l'addition d'un […] […] fort plafond […]

[…] en […] place de […] […]
supprimer […] trois planchers […] […]
[…] […]
[…] dans tout […] qui […] […]
à combler d'un air de très beau, […] Louis XV […] […]
plaçant les vieux planchers pour […] […] d'autres
très forts, tout en fer, non visible, […] nous avons
fixé de nombreuses aiguilles reliant et portant les planchers
inférieurs qui ont été ainsi consolidés sans avoir été démolis,
ni […]

[…] […] du Maréchal […] […]
Cicognara […] […]
Comte de […] […]
voulu […] […]
leur intérêt […] […]
leur angle

En 18[…] […] remplacer […] […]
par les campagnes […] […]
[…] […]

[…] […]

PLANS DES LANTERNES
PLAN DU LANTERNEAU
DV GRAND ESCALIER
PLAN DE LA LANTERNE
PLAN AV NIVEAV DE LA PETITE TERRASSE
Nord
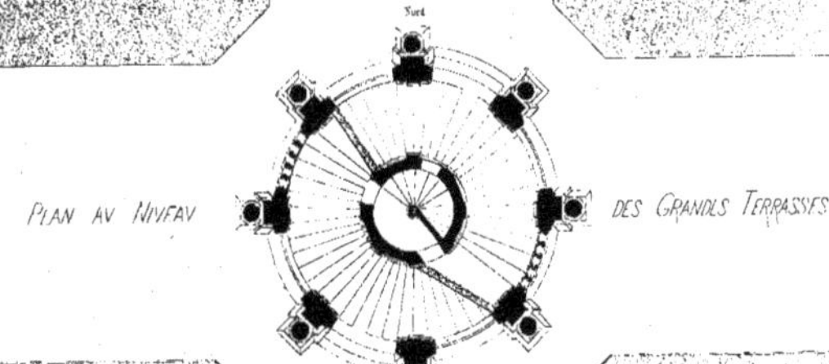
PLAN AV NIVEAV DES GRANDES TERRASSES
Paris, le 19 Mars 1861
L'Architecte du Château

On a refait à neuf la couverture de la lanterne à la tour
Robert, angle nord du château, avec clous en cuivre, réparé et consolidé plusieurs souches de cheminées, remplacé plusieurs marches usées du grand escalier.

En 1888, nous avons continué la réparation des souches
de cheminées à la tour Robert, angle nord du château.

D'autres réparations assez nombreuses ont été faites dans
les appartements des communs, angle sud du château, dans
les maisons du village, les fermes et les pavillons des gardes ;
elles n'ont aucun caractère artistique, nous n'en parlons donc
que pour mémoire.

En cette même année 1888, notre fils aîné, élève et collabo-
rateur depuis douze années, a été admis comme architecte
adjoint, pour nous seconder dans la direction des travaux de
restauration du château et du domaine de Chambord.

En 1889, nous avons fait consolider et chaîner les charpentes de la tour Robert, angle nord du château, puis ter-
miner la couverture en ardoises, fixées par des crochets en
cuivre avec de larges gouttières de même métal.

Ensuite, on a achevé la réparation des souches de cheminées dont le mauvais état était périlleux. Enfin, on a réparé

1850 s'était écroulée, à peine achevée, personne ne savait pourquoi. Mais en ré-
parant la partie rectangulaire, nous en avons compris la raison. On avait construit une voûte plate, en briques de 0^m,11, appliquée à l'intrados sur d'épais
couchis en sapin du pays ; ces couchis étaient tombés rapidement en pourriture,
et la voûte, n'étant plus portée par l'intrados, s'était affaissée en poussant au vide
les têtes des murs par ses naissances.

les enrayures pourries de plusieurs grands combles et consolidé la croupe nord de l'aile côté est.

Il est intéressant de nous arrêter à l'examen des charpentes des grands combles qui offrent à l'architecte constructeur les plus beaux modèles, les plus beaux types que les corporations professionnelles, très instruites et admirablement constituées au XVIe siècle, ont produit de plus parfait, de plus durable en charpenterie.

La charpente conique de la tour Robert est toute en chêne, à vives arêtes, composée de chevrons de fort équarrissage faisant fermes, posés tant plein que vide avec semelle et jambe de force sur double plate-forme couronnant les murs et avec aisseliers courbes sous la première enrayure. Cette charpente rappelle celle des chefs-d'œuvre des ouvriers de Paris.

Deux enrayures existent dans la hauteur. Les poteaux-aiguilles de la lanterne sont descendus et assemblés sur la deuxième enrayure du comble.

Le public n'étant pas admis à visiter les combles, nous devons en signaler la savante et forte structure.

La charpente du bâtiment en aile, sur plan rectangulaire, est également composée de chevrons semblables faisant fermes avec enrayure et plate-forme *idem*.

Détail futile peut-être, mais que nous aimons à rappeler à cause de la décision qui en est résultée.

C'est après avoir enfoncé notre bras dans un nolet en voie de pourriture, devant M. Barrande, en 1881, que les réparations des grands combles et des couvertures ont été décidées par lui.

les charpentes poutries de plus [...]
[...] comque nord de l'art [...]

Il est intéressant [...] grands comble qui offrent à la fois [...] les plus beaux modèles, les plus beaux types [...] profcssionnelles, très instructifs et admirablement [...] construites au XVIe siècle, ont produit [...] en charpenterie.

[...] de la tour Boban [...] composée de charpente le tout appuyé [...] former partie [...] plus [...] de force [...] modèles [...] cette charpente s'appuie [...] de Paris.

Deux carayures existent dans la hauteur. Les poteaux aiguilles de la lanterne sont descendus et assemblés sur la deuxième croix du comble.

[...] pas admis [...] les combles, mais [...] l'assemblage [...]

[...] est également [...] forme [...]

Quant au [...] cause de la même [...]

C'est qu'en [...] de panneaux, [...] leur descente [...] abolis [...]

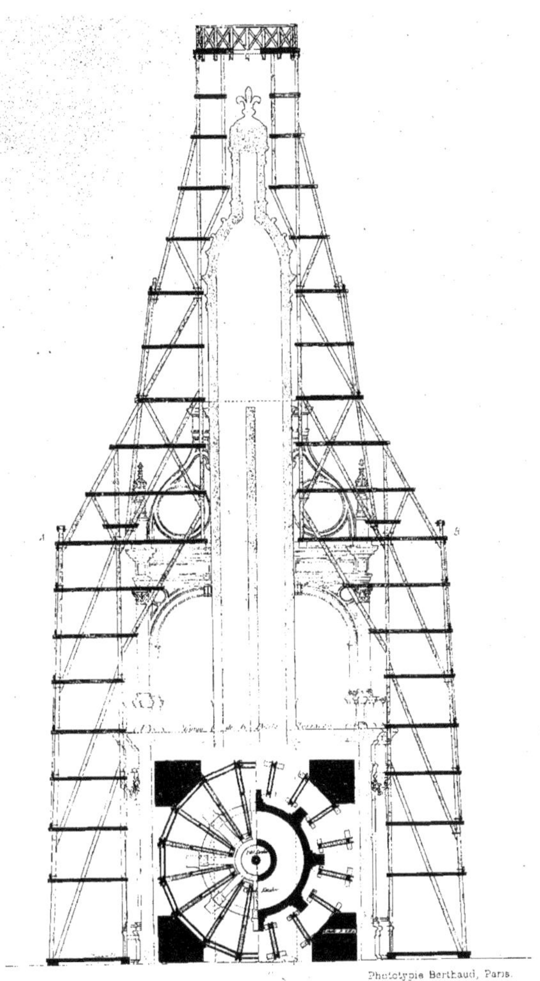

ÉCHAFAUDAGE POUR LA RESTAURATION DES HAUTES LANTERNES

En 1890, nous avons commencé la restauration des hautes lanternes du grand escalier.

Depuis plusieurs années, nous constations des chutes de pierres de plus en plus grosses qui tombaient des sommets en brisant les plus belles sculptures et pouvaient blesser les visiteurs. Ayant fait dresser un échafaudage pour connaître la cause de ces chutes, nous avons constaté au sommet du lanterneau et dans la coupole de la lanterne une dislocation effrayante et totale des pierres, causée par l'oxydation des cercles de fer incrustés dans les joints. Ainsi, ces fers, posés pour mieux assurer la stabilité, avaient, au contraire, causé la dislocation et la destruction de cette légère coupole.

Cette constatation faite, nous avons fait opérer immédiatement la dépose du lanterneau et de la grande lanterne par mesure de sécurité.

La reconstruction de la grande lanterne et du lanterneau a été aussitôt entreprise, mais les pierres des contreforts inférieurs étant trop avariées pour recevoir la charge des reconstructions nouvelles, nous avons dû les remplacer d'abord et remettre à l'année suivante le rétablissement des parties hautes.

En 1891, tous les travaux ont été concentrés sur la reconstruction des hautes lanternes dont les vieilles pierres ont été descendues avec soin et remontées dans la Salle des Gardes au rez-de-chaussée côté N.-E.

Au vieux lanterneau ainsi rétabli, on remarque des difformités dans les ressauts de la frise qui ne correspondent pas

tous à l'aplomb des colonnes. Il existe en plusieurs points
des défauts analogues qui ne peuvent être attribués qu'à la
précipitation de l'exécution première ; car on sait que le Roi
François Ier était impatient de jouir des constructions qu'il
avait commandées.

En reconstruisant les nouvelles lanternes, nous avons
remplacé tous les cercles en fer, destructeurs des anciennes
coupoles, par des cercles en cuivre qui peuvent prendre
une couche d'oxyde sans augmentation sensible de vo-
lume ; puis nous avons ajouté un paratonnerre dont la tige
de cuivre traverse la fleur de lys. Pour rendre facile la visite
annuelle de la tige du paratonnerre et du ruban qui descend
aux douves, nous avons fait ménager une lunette ou trou
d'homme dans la voûte de la nouvelle lanterne.

Les parties basses de ces lanternes, telles que la balustrade, la corniche, le plafond sculpté, etc... présentaient encore de nombreuses avaries dont il était possible d'ajourner
la réparation ; nous l'avons donc remise à l'année suivante.

On a encore exécuté en 1892, la grille et les piliers en
pierre de la porte des jardins dits du Roi de Pologne, côté
des casernes.

En 1893, on a poursuivi les réparations de la partie basse
des grandes lanternes en déposant avec précaution, les
pierres tendres qui formaient le plafond sculpté. Cette dépose a été précédée du moulage des salamandres et des F
couronnés, afin de pouvoir en reproduire exactement les
formes.

Toutes ces vieilles pierres étaient en état pulvérulent. Les nervures moulurées et les caissons avaient été si longtemps mouillés avant l'application du bitume en 1850, que la plupart étaient en poussière ; leur remplacement s'imposait donc absolument.

L'enlèvement de ces pierres du plafond nous a révélé une autre cause des dislocations constatées dans les parties hautes ; nous avions bien remarqué à l'intérieur du petit escalier des œils en fer traversés d'ancres de chaînage, puis des fers rayonnants entaillés dans les nervures du plafond, mais nous supposions ces énormes chaînages contemporains de la construction première ; il n'en était rien : ils avaient été ajoutés après coup de l'extérieur à l'intérieur ; nous en avions la preuve dans les trous énormes pratiqués dans le noyau pour le passage des œils renflés, trous qui avaient été bouchés au moyen de petits moellons et de mortier fin. Il est probable que les ébranlements produits par le bûchement des pierres lors de la pose de ces chaînages, ont dû contribuer aux dislocations que nous avons constatées au sommet des vieilles lanternes.

Des personnes du monde nous ont demandé, avec apparence de raison, pourquoi nous n'avions pas commencé par le bas les réparations de ce grand escalier ; nous avons répondu que, comme des pompiers allant au feu, nous avions couru au point le plus menacé. Nous avons été bien inspiré, en agissant ainsi, car, si nous avions commencé par le bas, le moindre ébranlement *(et il y en a toujours dans les reprises en sous-œuvre)* eût fait tout crouler sur nos têtes ; nous avions donc raison de négliger les procédés ordinaires de la construction, qui diffèrent souvent de ceux d'une sage et prudente restauration.

Les pierres composant l'ancien plafond étaient au nombre de quatre dans chacune des huit travées du périmètre et posées dans le sens rayonnant ; il en résultait un joint fâcheux au milieu de chacun des trente-deux caissons sculptés.

Malgré leur épaisseur, ces pierres, choisies tendres pour favoriser la sculpture, n'avaient pas la force suffisante qu'on aurait obtenue en employant des pierres dures, aussi elles ne tardèrent pas à être brisées sous la surcharge d'une terrasse compliquée de tuiles à rebord recouvertes d'un dallage bien cimenté, lequel devait être à l'origine garni de plomb à la place du bitume que nous avons enlevé.

Pour reconstruire solidement cette terrasse, nous ne pouvions remplacer les pierres tendres trop faibles par des pierres semblables ; d'autre part, nous ne pouvions pas employer des pierres dures réfractaires à la sculpture ; voici ce que nous avons fait. Nous avons rétabli séparément et en pierre dure de Chauvigny les nervures rayonnantes et circulaires du plafond en conservant précieusement les anciens chaînages nécessaires ; puis, après avoir reposé quelques vieux caissons assez bien conservés, nous avons fait reproduire quatre caissons neufs et nous les avons fait poser par dessous, au moyen d'un léger mouvement de revêtissement.

Les caissons qui restent à remplir seront posés par dessous de la même manière que les précédents.

Au-dessus de ces nervures en pierre dure et à $0^m,25$ de distance, nous avons fait poser un dallage en roche sur de fortes cornières accouplées, posées dans le sens rayonnant ;

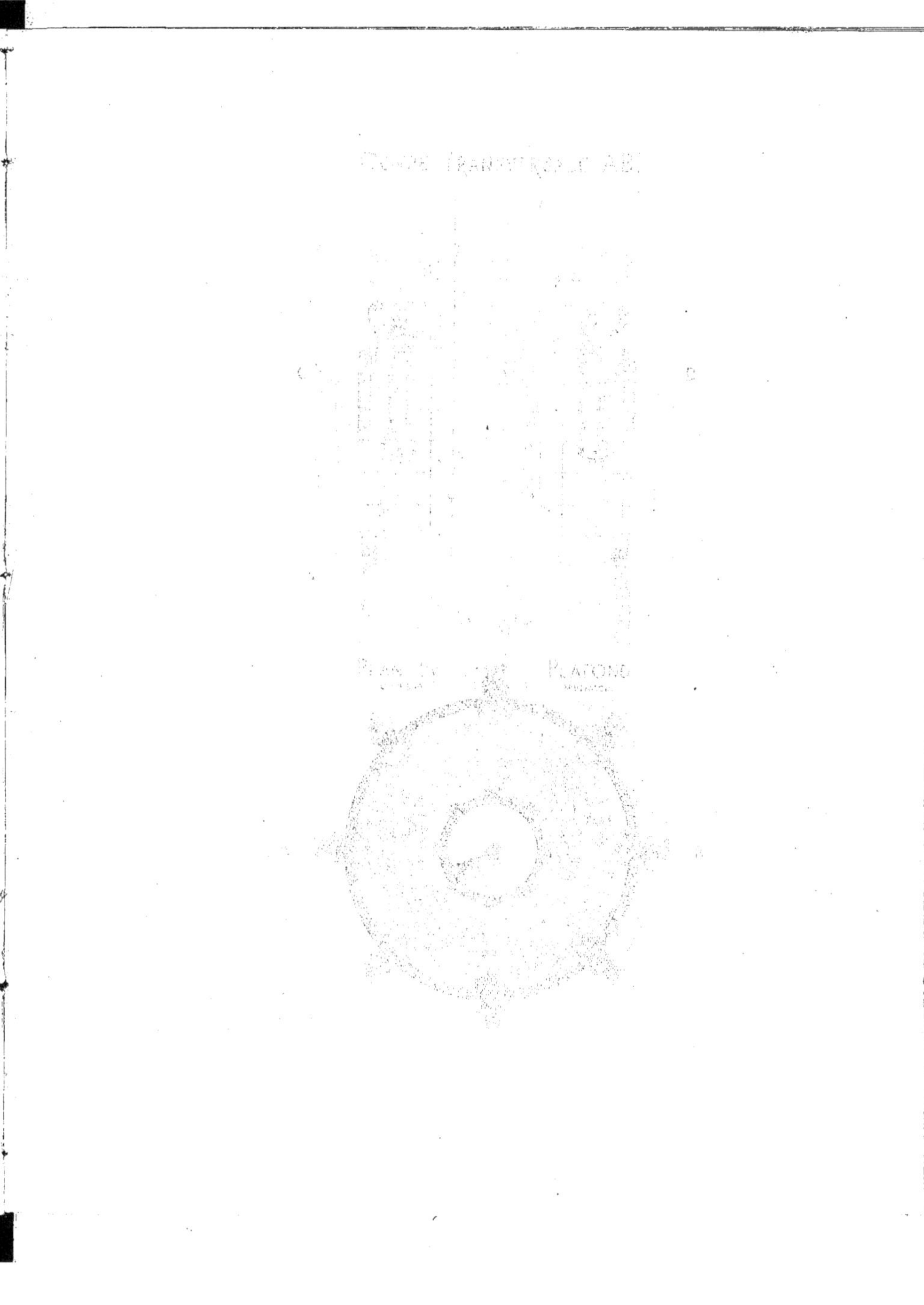

construction, qui diffèrent [illegible] et prudente [illegible]ration.

Les pierres composant l'ancien plafond [illegible] quatre dans chacune des huit travées de [illegible] et [illegible] dans le sens rayonnant; il [illegible]rait un joint [illegible] [illegible]tion de chacun des trente-deux caissons [illegible].

Malgré leur épaisseur, ces pierres choisies tendres pour favoriser la sculpture, n'avaient pas la force suffisante qu'on aurait obtenue en employant des pierres dures, aussi elles [illegible] fussent pas [illegible] brisées [illegible] la surcharge d'une terrasse [illegible] de tuiles à rebord recouvertes d'un dallage [illegible] ciment, lequel [illegible] [illegible] régnant [illegible]ait à la place du bitume qu[illegible].

Pour reconstruire solidement cette [illegible] nous ne pouvions remplacer les pierres tendres trop faibles par des pierres semblables; d'autre part, nous ne pouvions pas employer des pierres dures réfractaires à la sculpture: voici ce que nous avons fait. Nous avons rétabli séparément et en pierres de [illegible] Chauvigny les [illegible] [illegible] et en [illegible] [illegible]nages [illegible] quelques vieux caissons [illegible] nous avons fait [illegible] dires quatre [illegible] les avons fixé[illegible] dessous, au moyen [illegible] scellé de rose[illegible].

Les caissons qui [illegible] [illegible] de la même manière que [illegible] joints.

Au-dessus de ces [illegible] [illegible] à [illegible] distances, nous avons fait poser [illegible] [illegible] de [illegible] carrières accouplées, posé[illegible] [illegible] ciment;

COVPE TRANSVERSALE AB.
C
D
PLAN DV PLAFOND
COVPE AV
NIVEAV CD
A
B
Echelle de 0p5 pm.

puis, sur ce dallage, une terrasse en plomb avec chéneau
idem, cuvettes et tuyaux en cuivre.

Nous avons ainsi supprimé les charges inutiles, rendu la
force aux corniches moulurées en pierre dure et réservé la
pierre tendre aux seules sculptures décoratives du plafond,
en reproduisant fidèlement les profils anciens du dessus et
du dessous de l'ancienne terrasse.

Sous ce beau plafond, on admire encore des niches très
élégantes qui ont dû autrefois recevoir des statues de Reines
ou de Déesses; elles avaient beaucoup souffert de la pluie,
malgré la protection du plafond en pierre, mais elles sont
en bonne voie de réparation.

Il nous reste à poser plusieurs caissons, à réparer quelques
balustrades du grand escalier et à remplacer certaines pierres avariées des piédestaux pour achever la restauration de
ces belles lanternes jusqu'au niveau de la grande terrasse du
donjon.

Nous avons déjà dit que le Roi François Ier était impatient
de voir l'achèvement des châteaux qu'il faisait édifier pour
expliquer certaines fautes que les nécessités de la statique
obligeaient les constructeurs à corriger au cours des travaux
ou peu de temps après l'exécution. Nous citerons à l'appui
de cette opinion les arcades sur plan circulaire des tours du
donjon sur les cours latérales au deuxième étage. Ces arcades
coupent obliquement les moulures de l'architrave; peut-être
aurait-on atténué le mauvais effet de ces coupes obliques en
ne conservant les moulures que sur les ressauts au-dessus des
pilastres. Mais cela ne touche que la forme et est chose se-

condaire ; la solidité qui, à nos yeux, est question de fond primant la forme, est encore plus négligée sur ce point : en effet, un arc plein cintre sur plan circulaire pousse au vide à la clé malgré tous les artifices de l'appareil. La stabilité étant un fait constant, ne peut résulter que d'un cercle en fer incrusté et posé au-dessus de la clé. Espérons qu'il ne s'oxydera pas comme ceux des lanternes et qu'il résistera encore de longues années comme ceux placés à la base des trois coupoles du Panthéon français dont la stabilité est, hélas, subordonnée à la conservation de pareils chaînages.

Autre détail : Nous avons réparé l'acrotère orné de lettres F. R. F. entrelacées au-dessus de la corniche de la tourelle voisine du cabinet de travail de François Iᵉʳ, ainsi que l'épi surmontant la calotte de cette tourelle. Cet épi, composé de plusieurs motifs superposés, est terminé par une fleur de lys à quatre feuilles un peu basses que domine un fleuron très haut. Certain visiteur se disant Architecte, a vivement critiqué cette fleur de lys neuve, affirmant qu'il y avait là une fâcheuse altération des formes primitives. Un agent des travaux l'ayant entendu, le conduisit au dépôt des vieilles sculptures et lui montra les débris recollés, mais identiques de l'ancien épi.

Il existe encore d'autres détails, dont nous avons dû respecter et reproduire les formes bizarres.

Mais, en présence de tant de merveilles accumulées, la critique devient puérile et grotesque. La seule chose regrettable, suivant nous, au point de vue de la construction, c'est l'emploi de trop de pierre tendre, de trop peu de pierre dure

condaire, la solidité qui, à nos yeux [illegible] le fond
prennent la forme, est encore plus [illegible] en
effet, on a eu grdn contre une plus [illegible]
à la clé malgré tous les motifs de [illegible] ... [illegible]
étant un fait constant, ne peut [illegible] ... [illegible] un
fer incrusté et posé au-dessus [illegible] ... [illegible] que je ne
considère par exemple sous des [illegible] ... qu'il résistera
encore de longues années comme ceux placés à la base
des trois coupoles du Panthéon fran[çais] dont la stabilité est
telle, grâce surtout à la conservation [illegible] pareils [illegible]

[illegible] faites ? — Nous avons vu que la voûte [illegible]
[illegible] au-dessus de [illegible] qui [illegible] la
voisine du cabinet de travail de [illegible] qui [illegible]
surmontent la calotte de cette coupole. [illegible] composé de
plusieurs motifs superposés, est terminé par une fleur de
lys à quatre feuilles un peu basses que domine un fleuron
très haut. Certains visiteurs se disant Architecte, a vivement
critiqué cette tour de force [illegible] disant qu'il y avait là
une [illegible] de fer [illegible] les formes [illegible]
[illegible] l'ogive [illegible] bien au [illegible]
sculptures [illegible] ... [illegible]
de l'entre-age.

Il existe partout d'ailleurs [illegible] à nous de le
porter et reproduire les [illegible]

Mais, en présence de [illegible] ... la nomdoro, la
critique devient puérile et quel [illegible] cette chose trop ? Le
table, suivant nous, au point de [illegible] autant [illegible] c'est
l'emploi de trop de pierre tendre [illegible] ... [illegible] si une dure

ESCALIER DE FRANÇOIS Ier

Tourelle et Lanterneau de la Tour Robert

dans la hauteur du rez-de-chaussée, et l'exagération de l'appareil dit en tas de charge, monté trop haut.

La restauration générale est donc en bonne voie d'avancement; encore quelques années de travail et nous espérons la conduire à bonne fin.

Mais la chose la plus désirable aux yeux de tous serait, avec un léger déblai des cours restituant leur beau soubassement aux façades intérieures, la suppression des horribles mansardes qui masquent, du côté sud, la plus belle façade du château. Souhaitons qu'une décision favorable fasse bientôt disparaître cette dernière et monstrueuse difformité.

Avant de clore ces notes, nous voulons rendre un juste hommage à la mémoire de ce Roi-chevalier, protecteur des Lettres et des Arts, et à celle des Maîtres constructeurs et artistes Sculpteurs du XVIe siècle, qui ont ajouté aux œuvres de leurs aînés un monument d'une originalité très grandiose ; mais nous devons surtout exprimer toute notre gratitude aux Princes, dignes Neveux de Monsieur le Comte de Chambord et continuateurs de ses intentions généreuses pour la restauration du Château.

En témoignage de la reconnaissance des Artistes français, nous avons fait graver dans la plus haute lanterne du grand escalier l'inscription suivante :

LL. AA. RR. ROBERT DE BOURBON, DUC DE PARME
HENRI DE BOURBON, PRINCE DE PARME
INFANTS D'ESPAGNE
ONT FAIT RESTAURER CE MONUMENT
1891-1892

Nos principaux collaborateurs ont été :

Pour la maçonnerie, M. Courtioux, de Blois.
Pour la charpente, M. E. Foubert, de Paris.
Pour la couverture et plomberie, M. Monduit fils, de
Paris.
Pour la sculpture, MM. Lafargue et Bogino, de Paris.
Pour la peinture et les vitraux, M. Marchand, de Blois.

22 mai 1894.

www.ingramcontent.com/pod-product-compliance
Ingram Content Group UK Ltd.
Pitfield, Milton Keynes, MK11 3LW, UK
UKHW021442090726
13657UKWH00003B/1171